Naziha Bara
MEGNAFI Hicham
MERZOUGUI Rachid

Développement d'une Application MMS pour les Mobiles sous J2ME

Naziha Bara
MEGNAFI Hicham
MERZOUGUI Rachid

Développement d'une Application MMS pour les Mobiles sous J2ME

Pilotage à distance d'un téléphone MMS

Éditions universitaires européennes

Imprint
Any brand names and product names mentioned in this book are subject to trademark, brand or patent protection and are trademarks or registered trademarks of their respective holders. The use of brand names, product names, common names, trade names, product descriptions etc. even without a particular marking in this work is in no way to be construed to mean that such names may be regarded as unrestricted in respect of trademark and brand protection legislation and could thus be used by anyone.

Cover image: www.ingimage.com

Publisher:
Éditions universitaires européennes
is a trademark of
International Book Market Service Ltd., member of OmniScriptum Publishing Group
17 Meldrum Street, Beau Bassin 71504, Mauritius

Printed at: see last page
ISBN: 978-613-1-57597-6

MINISTERE DE L'ENSEIGNEMENT SUPERIEUR ET DE LA RECHERCHE
SCIENTIFIQUE

UNIVERSITE ABOU BEKR BELKAID – TLEMCEN
FACULTE DES SCIENCES DE L'INGENIEUR
DEPARTEMENT D'ELECTRONIQUE

**Projet de Fin d'Etudes pour l'Obtention du Diplôme
d'Ingénieur d'Etat en Télécommunications**

OPTION : Systèmes des Télécommunications

Réalisé par :

BARA NAZIHA

THEME

Développement d'une application MMS pour les terminaux mobiles sous l'environnement J2ME

Soutenue en 2009 devant la commission d'examen :

F.T. BENDIMERAD   P, Université Abou Bekr Belkaid – Tlemcen   Examinateur

S.M. MERIAH   M.A, Université Abou Bekr Belkaid – Tlemcen,   Examinateur

Mr. MERZOUGUI. Rachid,   M.A, Université Abou Bekr Belkaid – Tlemcen,   Encadreur

Mr. MEGNAFI Hicham,   Magister,   Co-Encadreur

Table des matières

_____

Chapitre I : Les téléphones portables et les réseaux d'accès mobile.

_____

Chapitre II : Développement sur téléphone portable

Chapitre III : Application : Pilotage à distance d'un téléphone MMS.

Liste des figures

CAHIER DES CHARGE

Données de bases

Notre postulat de travail consiste à exploiter le service MMS de téléphone portable pour recevoir / émettre des images à n'importe quel moment, depuis n'importe quel position.

Un logiciel pour téléphones portables, ayant la fonction de commander un autre téléphone d'envoyer une photo par MMS, sera développé pour satisfaire les fonctionnalités décrites ci-dessus.

Il sera possible d'installer le logiciel sur tout terminal mobile multimédia.

Cahier des charges

Le cahier des charges de ce projet consiste à :

- Créer une application combinant la réception d'un ordre par SMS ou MMS (la photo désirée) et d'envoyer cette photo via MMS vers le numéro ordonnant (le numéro défini dans le message d'ordre).

- Programmer l'application dans un langage qui soit le plus portable possible. L'application doit être simple à utiliser et à installer.

- Programmer une interface utilisateur simple, souple, haut de qualité et facile à manipuler.

Fonction

- Déclenchement par réception d'un SMS/MMS avec des paramètres à définir.

- Récupération de la photo demandée sur un natel par MMS (destinataire défini dans le message SMS ou MMS).

- Lecture des images à l'écran.

- Choisir le mode de fonctionnement (Client Mobile / Serveur Mobile).

INTRODUCTION GÉNÉRALE

Le marché des télécommunications sans fil connaît une croissance exponentielle ces dernières années et constitue un secteur qui maintient son accroissement. Cette technologie a rapidement conquis la population puisque actuellement presque tout le monde possède un téléphone cellulaire.

Lors de leur apparition, les possibilités offertes par les téléphones portables étaient assez restreintes, mais déjà extrêmement pratique, ce qui a suffi à convaincre. Actuellement les possibilités offertes sont bien plus importantes qu'il y a dix ans. Mais bien comme souvent, la majorité des utilisateurs n'utilisent que les fonctions de bases à savoir téléphoner et envoyer des SMS [Doc 1].

Aujourd'hui en plus de transmettre du son et des SMS, les téléphones actuels sont capables de se connecter à Internet. Mais en plus est apparu un nouveau standard pour l'envoie de message le MMS qui permet de transférer des messages multimédias composés d'images, de son, de textes, de vidéos, etc. Ce qui permet d'envisager une multitude d'application [Doc 2].

Des avancées technologiques récentes dans ce domaine ont contribué de manière importante au développement des applications sur des terminaux mobiles.

Dans le cadre du projet « *Développement d'une application MMS pour les terminaux mobiles sous l'environnement J2ME* », nous proposons de développer une application qui exploite le standard MMS pour le transfert des images entre ces terminaux mobiles. C'est le cas que l'on peut trouver dans de nombreux domaines tels que la domotique, la télésurveillance, la surveillance médicale à distance,…

Le problématique est donc de détourner ces appareils de leur fonction de base et d'en faire des outils pour d'autres domaines. Puisque les téléphones actuels nous permettent de recevoir, afficher et envoyer des photos : Pourquoi ne pas tenter d'améliorer encore un peu le système et d'automatiser le téléphone, de manière à ce qu'il déclenche pour l'envoie des photos seul suite d'une requête effectuée par un autre mobile ?

Le fait de manipuler des ressources limitées en terme de mémoire, capacité,..., nécessite l'exploitation d'un environnement de programmation adéquat. Le langage J2ME de programmation sous la plateforme Java, répond parfaitement à cet objectif et il propose des interfaces proches des téléphones mobiles actuels (J2ME Wireless Toolkit).

L'objectif principal de ce travail consiste alors à ajouter des options (fonctionnalités) à un terminal mobile, de manière à commander à distance un autre téléphone portable pour l'envoie d'une photo stockée dans son mémoire. Le téléphone reçoit alors une photo (après une requête transmise au terminal qui possède ces images), qu'il affiche sur son écran.

Les travaux de ce projet de fin d'étude sont regroupés dans un mémoire organisé de la façon suivante :

On parle dans le chapitre I du téléphone portable et leur réseau d'accès mobile : GSM, citant les différentes générations : GPRS, UMTS..., avec une description générale des services SMS/MMS.

Les fonctionnalités essentielles et les différentes composantes de l'environnement J2ME sont présentées dans le chapitre II.

Le dernier chapitre sera consacré à une application développée sous cet environnement (J2ME) qui consiste en un transfert d'image entre deux terminaux mobiles par MMS pour satisfaire le cahier de charges décris précédemment.

Chapitre 1

Les téléphones portables et les réseaux d'accès mobile

Il y a maintenant une dizaine d'années, apparaissait la téléphonie mobile. Il devenait alors possible de communiquer depuis n'importe quelle zone couverte par un réseau cellulaire.

Cette technologie a rapidement conquis la population puisque actuellement presque tout le monde possède un téléphone cellulaire. Les terminaux mobiles ont envahies la planète et le mouvement amorcé essentiellement en téléphonie devrait s'étendre à l'ensemble des services avec l'avènement d'une nouvelle technologie.

Alors les terminaux mobiles pour quel service ? Grâce a quelle technologie ? Au moyen de quel environnement ? Dans quel cadre de développement ? Tel est l'objet de ce chapitre [Doc 1].

I.1 – INTRODUCTION

Les progrès récents dans le secteur de télécommunication sont particulièrement remarquables dans le domaine des mobiles aussi bien par la vitesse de pénétration du marché. Cette progression étonnante a été rendue possible par l'intégration maximale des fonctions numériques et analogiques, par l'adoption des techniques avancées.

L'usage des mobiles était limité initialement surtout aux usages traditionnels de type voix avec l'arrivée des services d'informatiques le champ des mobiles est progressivement élargi [Doc 1].

I.2 – TERMINAL MOBILE

I.2.1 – Définition

Un téléphone portable (appelé aussi terminal mobile) est un moyen de communication dans les réseaux cellulaires sans être relie par un câble à une centrale, les sons sont transmis par des ondes électromagnétiques dans un réseau spécifique.

On peut donc communiquer de tout lieu où une antenne de relais capte les émissions de l'appareil utilisé.

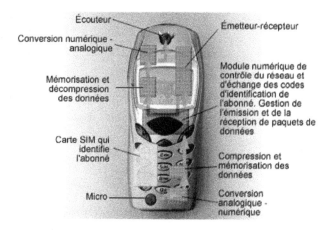

Figure I.1 – _Construction du téléphone portable._

Les mobiles sont donc les seuls équipements que l'abonné voit et qu'il utilise. Les postes peuvent être montés dans un véhicule ou portables, mais les modèles qui rencontrent actuellement le plus grand succès sont les appareils portatifs. Les terminaux mobiles permettent à l'abonné d'avoir accès au réseau mobile via une interface radio, appelée «*Interface Air* ». Elle est constituée de deux éléments : le terminal radio et la carte SIM. Un mobile peut être doté de fonctionnalités qui lui permettent de transférer des données vers un ordinateur ou un télécopieur [**Doc 3**].

I.2.2 – Le fonctionnement d'un mobile

L'alternative au téléphone filaire fait usage des ondes hertziennes (ou électromagnétiques) qui se déplace à la vitesse de la lumière. Lorsqu' un appel est émis, la voix est convertie en un signal numérique. Cette suite de 0 et 1 est ensuite *"gravée"* sur un signal analogique : des ondes porteuses. Elles sont captées par l'antenne la plus proche. Celle-ci transmet le signal à une station de base qui l'envoie alors à une centrale, par ligne téléphonique conventionnelle ou par faisceaux hertziens. De là sont acheminées les conversations vers le téléphone du destinataire, selon le processus inverse, par voix filaire ou hertzienne suivant qu'il s'agisse d'un appel vers un téléphone fixe ou vers un téléphone portable. Le signal numérique est de nouveau transformé en un signal analogique sonore dans l'appareil du récepteur [**Doc 4**].

I.3 – LES RÉSEAUX D'ACCÈS MOBILES

Le système de radiotéléphonie cellulaire, après une première génération constituée uniquement de réseaux analogiques [**Doc 5**], a vu l'arrivée des technologies numériques au début des années 1990 en Europe (GSM), au Japon (PDC) et aux Etats Unis (PCS). L'évolution du réseau GSM (dit de $2^{\text{ème}}$ génération « 2G ») vers l'UMTS (dit de $3^{\text{ème}}$ génération « 3G ») ensuite vers le « 4G » ($4^{\text{ème}}$ génération) passe par des générations intermédiaires comme le GPRS, HSCSD ou EDGE (dites « 2.5G »), HSDPA (3.5G) et HSUPA (3.75G) qui seront présentés dans les paragraphes suivants.

I.3.1 – Les systèmes « 2G »

I.3.1.1 – Le réseau GSM

Dans le cas du réseau cellulaire GSM, le service fourni le plus important est le service de la voix. Il a pour premier rôle de permettre des communications entre abonnés mobiles et abonnés du réseau fixe (RTC). Le réseau GSM s'interface avec le réseau RTC et comprend des commutateurs. Il se distingue par un accès spécifique : *la liaison radio* [**Doc 6**].

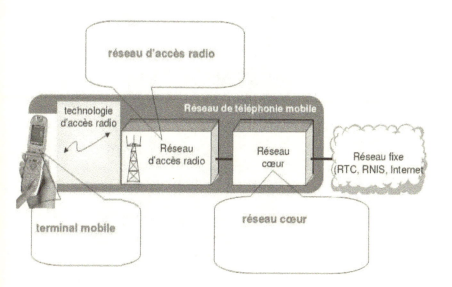

Figure I.2 – *Architecture de référence d'un réseau radio mobile* [Doc 7].

- Le réseau d'accès radio Achemine l'information depuis le terminal mobile jusqu'au réseau cœur et vice versa.

- Le réseau cœur assure la gestion du service offert et l'acheminement des communications vers les réseaux fixes tels que le réseau public de téléphonie fixe, le réseau Internet, etc....

- Le terminal mobile est le vecteur qui permet de transmettre / recevoir les données générées / destinées par / à l'utilisateur.

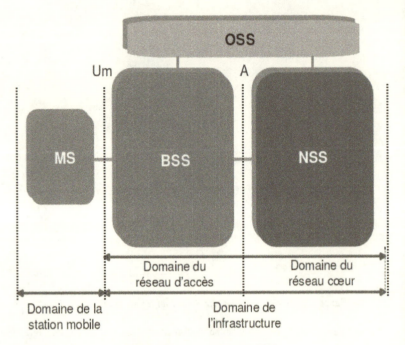

Figure I.3 – *Les composants GSM.*

Le réseau GSM est composé de trois sous ensembles : [Doc 7]

- *Le sous système radio (BSS) :* C'est le réseau d'accès radio qui assure les transmissions radioélectrique et gère la ressources radio.

- *Le sous système d'acheminement (NSS) :* Comprend l'ensemble des fonctions nécessaires à l'établissement des appels et la gestion de la mobilité. On peut dire que le NSS est le réseau cœur GSM.

- *Le sous-système d'exploitation et de maintenance (OSS) :* permet à l'exploitant d'administrer le réseau (coûts, performances, erreurs, sécurité…).

La mise en place d'un réseau GSM représente un investissement considérable [Doc 6]. A l'heure actuelle les réseaux GSM ne cessent d'évoluer afin d'assurer une qualité de couverture toujours plus importante. La couverture du réseau est assurée par la multiplication des ensembles BTS – BSC.

13

Cette technologie cellulaire répond parfaitement aux trois contraintes de fonctionnement :

⬦ L'abonné doit pouvoir joindre n'importe qui, n'importe quand et n'importe où ;

⬦ Après établissement de la communication, la conversation est audible et compréhensible par les deux interlocuteurs ;

⬦ La ligne téléphonique n'est pas coupée en cours de communication [Doc 5].

Nous verrons par la suite que le réseau GSM est une base pour la mise en place des réseaux GPRS, UMTS…, même si pour le réseau UMTS au-delà du coût élevé d'achat des licences, nous verrons que l'ensemble BTS – BSC – MSC devra être changé ou modifié à la base.

Rappelons ici rapidement qu'une BTS couvre environ 500m de zone en ville et 10 km de zone en compagnie. Cela donne un aperçu du coût et du temps nécessaires pour la mise en place de la simple architecture technique du mode UMTS, etc.

I.3.1.2 – Le WAP

Le WAP ou Protocole pour applications sans fil, est un ensemble de standards qui permet de faire fonctionner des applications sur un terminal mobile.

Point de convergence entre l'Internet et la téléphonie mobile, le WAP est adapté aux faibles débits des réseaux GSM actuels (9,6 kbps) [Doc 5]. Les protocoles WAP permettent de recevoir sur un téléphone portable des e-mails et de charger des pages Web allégées...

Théoriquement, n'importe quel contenu Internet peut être adapté au WAP, seule la présentation change. Mais de plus en plus de fournisseurs de contenu et d'industriels proposent des services spécifiques, le plus souvent à destination des opérateurs télécoms.

I.3.2 – Les systèmes « 2.5G »

I.3.2.1 – Le GPRS

Le GPRS représente une évolution majeure du GSM. Par l'utilisation de communication par paquets et l'augmentation des débits, il ouvre la porte aux communications mobiles multimédia et permet la transition vers la troisième génération.

Un réseau GPRS peut être vu comme un réseau de données à part entière, qui dispose d'un accès radio réutilisant une partie du réseau GSM. Le réseau comprend des abonnés propres, mobiles ou fixes et peut être relié à différents réseaux de données par Internet (Protocole IP).

14

Dans ce cas un terminal GPRS dispose d'une adresse IP dont le champ réseau est spécifique au réseau GPRS. Les débits théoriques prévus (de 9.6 kbits/s à 171.2 kbits/s) permettent d'envisager des applications telles que la consultation du Web, le transfert de fichiers par FTP, la transmission de vidéo compressée, etc. En réalité le débit utile des terminaux sera de 10 kbits/s dans le sens mobile-station de base et de 30 à 40 kbits/s dans l'autre sens.

I.3.2.2 – HSCSD ou EDGE ?

Le EDGE représente une seconde forme d'évolution des systèmes 2G. Ce standard utilise une nouvelle modulation du signal (8PSK) qui permet d'améliorer l'efficacité spectrale et la capacité du réseau. EDGE est une évolution du système GSM et du système TDMA, mais son rendement optimal est obtenu lorsqu'il est combiné avec un réseau de commutation paquet (GPRS). Le débit peut aller jusqu'à 384 kbits/s.

Si la limitation de débit sur GSM est due au fait que le mobile transmet et reçoit sur un seul intervalle de temps par trame TDMA, il est envisageable de disposer de mobiles capables de transmettre et de recevoir sur plusieurs intervalles de temps (IT). Le service HSCSD définit des circuits allant jusqu'à 6 IT allouées aux mobiles par trame TDMA. Les débits envisagés sont de l'ordre : 19.2 kbits/s, 28.8 kbits/s, 38.4 kbits/s, 48 kbits/s, 56 kbits/s ou 64 kbits/s suivant le nombre des canaux alloués avec cette technique.

I.3.3 – Le réseau UMTS

L'UMTS représente une évolution dans les services et dans les vitesses de transfert de la deuxième génération à la troisième génération (3G) et constitue une voie royale pour le développement de produits et de services multimédias [Doc 5].

En parallèle au développement d'Internet qui propose désormais des services spécialisés, les opérateurs, poussés par cette vague, mettent en place des services permettant l'accès à ce nouveau média par l'intermédiaire de la téléphonie mobile. Mais les premières tentatives furent un désastre. Tout le monde a encore en mémoire l'échec du WAP (les terminaux n'étaient pas adaptés pour surfer, les pages devaient être spécialisées pour ce service et surtout la vitesse de transmission était inadaptée : 9.6 Kbits/s).

Cependant de nouveaux protocoles plus performants sont indispensables pour proposer une nouvelle gamme de services à haut débit allant de l'Internet au téléchargement de musique ou de film. C'est ce qu'apporte l'UMTS.

15

I.3.4 – Les systèmes « 4G » [Doc 8].

La 4ᵉ génération est le successeur de la 3ᵉ génération c'est une dénomination informelle, orientée vers le consommateur, qui regroupe un ensemble de critères de performances : débit (de l'ordre de 1 Mb/s réel pour le consommateur), qualité de services, etc.

Plusieurs technologies en cours de déploiement peuvent prétendre à cette dénomination : Wimax , iBurst ...

Les fabricants de cette dernière ont réussi à établir une connexion à 100 Mb/s dans un bus se déplaçant à 60km/h. Un opérateur nippon DoCoMo a par ailleurs réussi à transférer des données à 5gb/s lors du test de son futur réseau 4G. Soit 1300 fois plus rapide que le 3.5G.

Les téléphones équipés de cette technologie pourront ainsi télécharger des films de 2h en l'espace de seulement 10 secondes !

I.4 – POSSIBILITÉS ACTUELLES

Des équipements embarqués associés à des services à distances permettent de :

- Lire et rédiger des emails ;
- Naviguer sur Internet ;
- Jouer ;
- Photographier et enregistrer des vidéos ;
- Ecouter de la musique ;
- Regarder la télévision ;
- Assister à la navigation ;
- Etc [Doc 3].

Aujourd'hui en plus de transmettre du son, les téléphones actuels sont capables d'envoyer des messages SMS et de se connecter à Internet. En plus est apparu un standard pour l'envoi de message, le MMS, qui permet de transférer des messages multimédias composés d'images, de sons, de textes, de vidéos, etc. Ce qui permet déjà d'envisager une multitude d'applications.

Dans le cadre du projet : "***Développement d'une application MMS sur les terminaux mobiles sous l'environnement J2ME*** ", nous proposons de développer une application qui permet d'exploiter le service MMS des téléphones portables pour recevoir des photos à n'importe quel moment, depuis n'importe quel position. Donc nous allons orienter ce chapitre vers les détails de ce service (en passant bien sur par le service SMS) que nous développons dans les paragraphes suivants.

I.4.1 – SMS & MMS : [Doc 9]

Les SMS et depuis peu les MMS sont un véritable phénomène de société. Tout propriétaire d'un téléphone portable utilise abondamment ces deux technologies pour communiquer avec les autres, participer à des jeux télévises, recevoir des informations sur l'actualité, la météo, etc.

Ils présentent un avantage essentiel et extrêmement pratique : envoyer rapidement un message écrit à une personne, peu importe ou en se trouve, sans la déranger, et avoir la possibilité de recevoir une réponse presque instantanément.

I.4.1.1 – Service SMS

Les SMS sont un service de messages. Par abus de langage, on désigne SMS comme étant des messages textuels qui ne peuvent dépasser 160 caractères et sont envoyés via les ondes téléphoniques. Une nouvelle catégorie de messages écrits a vu également le jour, les EMS : ce sont des SMS améliorés [Doc 9]. Il est possible d'envoyer avec le texte un son ou une image standards : ce n'est pas le contenu du « média » qui est envoyé mais un simple code le représentant. Ainsi, le destinataire recevra un message contenant le texte et un son ou une image correspondant au code reçu, la présentation pouvant différer selon le téléphone portable.

Ces messages sont codés à l'aide d'ASCII 7 bits sur 140 octets. Leur format est défini par une recommandation de GSM.

Le schéma suivant montre la structure d'un message SMS :

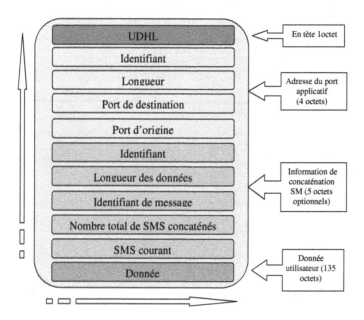

Figure I.4 – *Format de message SMS* [Doc 2].

Comme on peut le voir dans le format du message, les SMS possède un numéro de port qui sert à différencier l'application destinatrice sur un téléphone portable. Ce numéro de port a exactement le même rôle qu'un numéro de port dans TCP ou UDP. Il sert à différencier l'application destinatrice sur un téléphone. Ainsi plusieurs applications peuvent utiliser le service SMS sur un même téléphone et cela sans risque de voir leurs messages se mélanger [Doc 2].

I.4.1.2 – Service MMS

- *Généralité*

Le MMS est un service qui peut à première abord être considéré comme le successeur du SMS [Doc 2].

Ce nouveau service se situe au carrefour de plusieurs technologies. La numérisation des informations va en effet rendre l'audiovisuel interactif et donner à notre téléphone portable le pouvoir de séduction du son et de l'image. Dans ce nouvel univers de plus en plus de gens à

18

domicile comme dans le cadre de leurs activités professionnels échangent au cour d'une communication une séquence vidéo, des textes, des images, etc. Avec les MMS, le message est diversifie et moins limite que pour les SMS. Il est possible d'envoyer des fichiers de taille plus importante. La taille des fichiers reste tout de même, pour l'instant restreint.

Il est tout à fait possible de photographier via son téléphone un tableau observe dans un musée et de l'envoyer à une tierce personne via un MMS. Il en est de même pour une musique au format MP3 ou un petit jeu vidéo qui peut être récupéré illégalement via Internet et transféré sur son téléphone portable et faire par la suite l'objet d'un envoie MMS.

Plus les téléphones portables seront performants et compatibles entre eux grâce à la technologie MMS notamment, plus les risques juridiques seront susceptibles de se développer [**Doc 9**].

- *Etude*

Si on étudie un peu plus profondément ce service, on se rend compte que MMS est bien plus complet et du même coup plus compliqué que le service SMS. Là où les SMS étaient principalement utilisés pour une communication de téléphones portables à téléphones portables, les MMS dépassent largement ce cadre et sont destinés à une utilisation beaucoup plus étendue.

Les grandes différences entre ces deux services sont, premièrement le contenu qui peut être transmis et deuxièmement les acteurs qui vont l'utiliser [**Doc 2**].

⊠ *Contenu*

Les MMS sont des messages qui peuvent contenir plus de caractères que les SMS. Le message, en effet, pas limité à 160 caractères. Mais la véritable révolution technologique ne réside pas dans ce critère. Avec les MMS, outre les messages écrits, il est désormais possible d'envoyer une musique, une image ou une photo. Via le protocole WAP, le message sera transmis avec toutes les informations : texte, son et les images contenues dans le message [**Doc 2**].

Dans les MMS, c'est bien le contenu du « média » qui est envoyé.

L'application de notre projet basée sur un transfert d'image entre deux mobiles via MMS, ceci nous mène à introduire des techniques de codage (compression) qui mises en oeuvres dont les plus couramment utilisés qu'on peut citer : [**Doc 10**]

- *JPEG :* Le format JPEG est une norme qui précise l'algorithme de compression et de décompression relative à la présentation des images fixes numériques en couleurs et à niveau de gris. Il montre également que la norme JPEG est aussi un format d'échange permettant aux images comprimées d'être échangées entre plusieurs environnements applicatifs. Ce format est le mode de compression le plus efficace qui soit, avec un bon compromis entre gain d'espace disque, temps de compression/décompression et qualité des images. Ainsi une image brute de 2Mo n'occupera après conversion en JPEG que 130 à 400 Ko selon la qualité d'image voulue.

Le format JPEG est un des formats les plus utilisés dans le monde du World Wide Web.

- *GIF :* Le format GIF est un format propriétaire qui a ouvert la voie à l'image sur le World Wide Web. Il possède une palette de couleurs d'un maximum de 256 couleurs. Cela signifie que vous pouvez d'une part réduire la taille d'un fichier *GIF* en réduisant le nombre de couleurs, et que d'autre part, 256 couleurs sont généralement insuffisantes pour une bonne photo.

- *PNG :* Le format PNG est un format matriciel destiné à remplacer progressivement le format GIF sur Internet. Ce dernier offre tous les avantages du format GIF (entrelacé, dégradation minime de l'image compressée, etc.) avec un meilleur taux de compression sans perte d'information. Il accepte les images en couleurs en 24 bits (millions de couleurs) contrairement au format GIF limité à 256 couleurs. Bien qu'étant très peu répandu, certains logiciels de retouches de photographies permettent la conversion en format PNG. Citons à titre d'exemple Adobe Photoshop (Macintosh et Windows) et GraphicConverter (Macintosh).

☒ *Acteur* [Doc 2].

Beaucoup de services multimédia vont commencer à utiliser les MMS comme vecteur de communication. On imagine facilement les services météos, touristiques, de divertissement, qui vont utiliser les MMS et ainsi repousser la difficulté qui était jusqu'alors la petite taille des SMS.

Ainsi des MMS vont être envoyés depuis un nombre de sources très variée et passer par de nombreux intermédiaires tels que des serveurs Web, serveurs d'autre opérateurs, ainsi qu'une multitude de terminaux différents comprenant PC, Agenda électronique, téléphone mobile, etc..

☒ _Les interfaces MMS_

Face à cette multitude il faut garantir la compatibilité des nombreuses interconnections. Pour cela des interfaces ont été définies. On entend par interface, la spécification des communications entre deux entités. Ces interfaces séparent les spécifications en huit « sous-normes » nommées MM1, MM2, ... jusqu'à MM8. La figure suivante met en évidence le champ d'activités de chacune de ces interfaces.

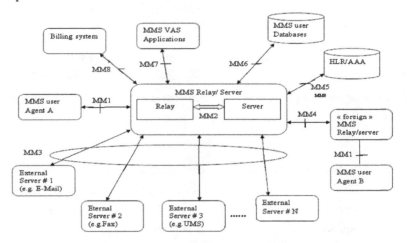

Figure I.5 – Les interfaces du MMS [Doc 2].

La partie centrale de la figure ci-dessus, composée d'un "Relay" et d'un "Server" est ce que l'on nomme le MMSC. C'est le centre du système.

Par exemple pour une transmission entre deux serveurs MMSC on utilise la norme MM4, entre un téléphone portable et un serveur MMSC se sera la norme MM1 et ainsi de suite...

- L'interface MM1

Bien entendu, l'interface qui nous intéresse le plus est MM1, car c'est elle qui décrit comment envoyer un MMS depuis un téléphone portable.

- Le support de transmission

Dans le document consacré à la transmission des MMS on apprend que l'envoi d'un MMS est basé sur une communication WSP/http. De quoi s'agit- il ?

En fait, WSP est une couche de la norme WAP.

WSP

Comme son nom l'indique, la couche session permet d'établir une session entre un client et un serveur c'est-à-dire de définir les paramètres de connexion pour effectuer des transactions.

La couche WSP permet ainsi à la couche application de bénéficier de deux types de sessions différentes :

- Session orientée connexion dans laquelle la couche session va interagir avec la couche transaction.

- Session orientée non connexion dans laquelle la couche session va directement agir au niveau de la couche transport pour l'envoi de datagrammes bruts. WSP est dans son ensemble l'équivalent du protocole HTTP (dans sa version 1.1). On retrouve d'ailleurs un bon nombre d'implémentations identiques au HTTP dans WSP [Doc 2].

I.5 – ÉVOLUTION FUTURES

Le téléphone mobile semble réussir ou ont échoué des technologies antérieures : devenir un couteau suisse numérique. Comme ce dernier, le téléphone mobile tient dans la poche, et relativement simple à utiliser et recouvre une multitude de fonctions liés au normalisée : de simple téléphone à l'origine, il permet d'envoyer des messages textuels (SMS, MMS, courriel), il sert de montre / chronomètre / minuteur, de télécommande (s'il est équipé de Bluetooth) et il remplace de plus en plus des PDA (c'est alors un smartphone) ou même l'appareil photo (c'est alors un photophone). Des modèles faisant office de caméscopes numériques ou de puissantes consoles de jeu 3D.

Le téléphone mobile est également amené a évoluer vers les systèmes de paiement : porte-monnaie électronique. Par exemple, au Japon, l'opérateur de téléphone mobile japonais NTT DoCoMo et l'établissement de crédit JCB déploient un téléphone mobile équipé du système de paiement Quic Pay qui communique par radio, sans contact, avec le terminal du commerçant [Doc 3].

Une autre expérience assez intéressante qui utilise le téléphone portable en lieu et place du ticket de métro ou de bus. Le téléphone possède une puce spéciale intègrent la technologie dite eNFC (pour enhanced Near Field Communication, soit quelque chose comme communication par champ rapproché améliorée). Elle est capable d'émettre et de recevoir des données informatiques sans contact avec la borne - exactement comme la puce d'identification à radio fréquence (RFID).

D'ailleurs, ce téléphone n'a pas besoin de nouvelles bornes, et utilise celles existantes ; la validation du ticket se fait en passant le téléphone à proximité de la zone de contrôle, sans qu'il soit besoin de l'allumer ni même que la batterie soit chargée. Dans la carte SIM se trouve le programme gérant les titres de transport et le dialogue avec les serveurs RATP. Car un des grands intérêts de cette solution est de pouvoir acheter des titres de transport ou recharger son forfait sans faire la queue au guichet, uniquement en surfant sur un site [Doc 11].

I.6 – CONCLUSION

Aujourd'hui, le téléphone portable est devenue l'outil le plus universel et le plus adaptable. Il permet de constituer un système d'information mariant sur un même écran du texte, des graphiques, des images fixes ou animées et du son. A cette base, l'usage fréquent des MMS dans la vie quotidienne permet de maintenir le contact en temps réel avec son environnement amical et familial.

Beaucoup de services multimédias ont utilisé les MMS comme vecteurs de communication. On imagine facilement des services météo, touristique, de divertissement, qui vont utiliser les MMS et, ainsi, repousser la difficulté qui était jusqu'alors la petite taille des SMS.

Dans le chapitre qui suit nous présentons J2ME le Java de la mobilité. Cette introduction permettra de comprendre les fonctionnalités de base de cet environnement et en quoi J2ME est un excellent langage de programmation orienté objet.

Chapitre 2

Développement sur téléphone portable

De par la variété des téléphones portables sur le marché de télécommunication sans fil, il existe aussi une grande variété d'environnements de programmation pour ces terminaux. Mais désirant réaliser un logiciel qui soit compatible avec une majorité de téléphones portables, il convient de prêter une attention particulière à la sélection de cet environnement.

Dans cette nouvelle «discipline» qu'il est possible de développer des applications pour mobiles, une tendance a émergé et domine l'univers du développement pour ces petits appareils qui tiennent dans notre poche. C'est l'environnement de Java [Doc 2].

II.1 – Java

La technologie Java inclut deux éléments : un langage de programmation et un cadre d'application dans lequel les programmes Java peuvent être exécutés. La syntaxe du langage de programmation Java est similaire au langage C++, tous les deux sont des langages orientés objet. La principale différence entre le C++ et Java, c'est que pour le C++ le code source est compilé dans le code machine natif qui fonctionne uniquement avec la cible spécifique de l'appareil, alors que le compilateur Java ne génère pas de fichier exécutable [Doc 2]. Il crée pour chacune des classes d'un fichier Java un fichier qui sera interprété par *la machine virtuelle* Java. C'est le mécanisme qui permet aux applications Java d'être portables, c'est-à-dire qu'une application Java fonctionne dans tous les appareils qui ont une plate-forme Java similaire. [Doc 12]

Sun nous propose la plate forme java 2 qui a été déclinée en trois versions :

- La version d'entreprise java 2 (J2EE).
- La version standard java 2 (J2SE).
- Et la version Micro Java 2 (J2ME).

24

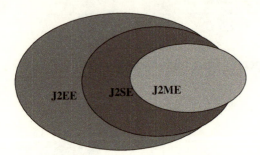

Figure II.1 *– La plateforme Java 2.*

La technologie J2ME est spécialement conçue pour les appareils électroniques à fable ressource de calcul tels que les téléphones portables. Elle nous donne les armes dont ont besoin pour améliorer les possibilités techniques de la mobilités. Il sera alors de déterminer les actions correspondantes et bien entendu tout ce qui est fonctionnel à notre langage afin de satisfaire notre application.

Dans ce tutorial, les fonctionnalités essentielles et les différentes composantes de cet environnement sont présentées.

II.2 – HISTORIQUE DU JAVA EMBARQUE [Doc 13]

L'idée de création d'un langage destiné aux terminaux de type assistant personne est apparut aux USA au sein du département de recherche avancée de SUN. Ils cherchaient à développer un langage permettant au logiciel de s'exécuter sur des plates formes compact (terminaux possèdent peu d'espaces mémoires). Le projet a été baptisé « Oak » et comportait déjà une machine virtuelle, associé à des bibliothèques qui servent à uniformiser les programmes d'applications.

C'est donc en 1998 qu'est lancé le projet de recherche « spotless » par Sun Microsystems laboratoires. Le projet a un double objectif :

- faire une investigation approfondie sur l'utilisation de java pour des systèmes limités en ressources.
- réaliser une machine virtuelle ayant les propriétés suivantes : (taille limité, portabilité, facilité d'utilisation et lisibilité du code).

En juin1999, Sun Microsystems présente la nouvelle plate forme java 2 Micro Edition (J2ME). En octobre de la même année, furent présenté les travaux de standardisation de certains composants de J2ME.

II.3 – DÉFINITION ET OBJECTIF DE J2ME

J2ME est une plate forme java pour développer des applications sur des unités portables tels que des PDA, des téléphones cellulaires, des systèmes de navigations pour voitures,….

A cette fin, on met en œuvre des mécanismes d'entrées /sorties standards, du multitâches, des communications réseaux, des architectures client /serveurs et des bases de données selon les différents profiles disponibles.

J2ME possède une API java extrêmement riche qui aide le programmeur d'accéder à toutes les ressources de ces terminaux.

II.4 – LES DIFFÉRENTS TERMINAUX CIBLÉ PAR SUN [Doc 14]

Toute la difficulté de concevoir des technologies embarquées réside dans la complexité inhérente à la diversité de l'offre. La liste suivante démontre les variétés des terminaux ciblés par J2ME :

-   *Téléphone cellulaire*, Smartphone (Nokia, Ericsson, Alcatel, Siemens, …) ;
-   *Assistant personnel, PDA* (Palm Pilot, PocketPC, …) ;
-   **Appareil d'imagerie numérique** (Caméscope numérique, Appareils photo numérique, …) ;
-   **Portail d'entrée automatique** ;
-   **Appareil de paiement,**...

Figure II.2 – *Diversité des terminaux.*

Cette approche garantit qu'une application appropriée fonctionnera pour différents types d'appareils.

II.4 – LES COMPOSANTS J2ME

La version J2ME est une collection de technologies et spécifications qui sont conçues pour différentes parties du marché des petits appareils. L'architecture J2ME se découpe donc en plusieurs couches [Doc 15] : *des configurations, des profils et des paquetages facultatifs* (**Figure II.3**) :

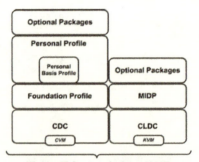

Figure II.3 – *La platform J2ME.*

Il existe deux configurations possibles : CDC et CLDC qui sont la partie principale de la plate-forme J2ME [Doc 2].

Une configuration définit les bibliothèques centrales de la technologie Java et les capacités de mémoire virtuelle de la machine. La configuration CDC s'adresse aux appareils mobiles dernière génération, tels que les organiseurs, téléphones haut de gamme, etc.

La configuration CLDC est prévue pour les téléphones portables d'entrée de gamme tels que les portables actuels. C'est donc la configuration CLDC qui nous sera utile. A noter encore, que dans le cas de J2ME, la machine virtuelle s'appelle KVM.

II.4.1 – CLDC

Le CLDC est constitué d'une API de base nécessaire au langage java (java.lang, java.io, java.util) ainsi qu'une API spécialisée dans l'accès réseau mobile : javax.microedition.io. C'est surtout cette partie réseau qui nous intéresse, car c'est elle qui a déterminé quel moyen utiliser pour communiquer l'information quelque soit le type de protocole.

II.4.2 – Profil MIDP

En dessus des configurations, il y a les profils qui définissent les fonctionnalités dans chaque catégorie spécifique d'appareils. Le MIDP est un profil pour les appareils mobiles utilisant la configuration CLDC, comme les téléphones mobiles. Le profil MIDP précise les fonctionnalités comme l'usage de l'interface client, la persistance de stockage, la mise en réseau, et l'application modèle.

Sur la plupart des téléphones actuels, la version J2ME est composée de la configuration CLDC et du profil MIDP.

II.4.2 – Packages optionnels

En plus du profil standard MIDP, peuvent, suivant les appareils, être ajouté des packages supplémentaires pour permettre l'utilisation de certaines spécificités des appareils. Comme certaines options sont typiquement réservées aux téléphones portables il était naturel de ne pas les intégrer directement dans le profil standard MIDP [Doc 2]. Par exemple, il existe un package optionnel nommé :

- WMA : pour la gestion des messages du type SMS ou MMS.
- MMAPI : pour la multimédia.

II.5 – VUE D'ENSEMBLE DE L'API DE J2ME

Toutes les versions de Java sont fournies avec une « interface de programmation d'application » (en anglais API) qui regroupe un ensemble de classes d'usage général.

L'API de J2ME se décompose en deux parties : l'une est spécifique à MIDP et l'autre à CLDC. La figure ci-dessous regroupe les packages suivants :

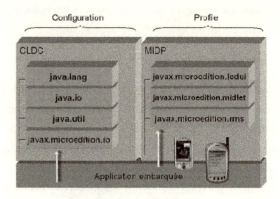

Figure II.4 – *L'API J2ME* [Doc 14].

II.5.1 – API CLDC

Les librairies définies par les spécifications de CLDC peuvent être regroupées en deux parties :

- Les classes qui proviennent des classes standard de J2SE : Ces classes sont dans les paquets java.lang, java.util et java.io.

- Les classes qui sont spécifiques à CLDC : Ces classes sont dans le paquet javax.microedition.io.

II.5.1.1 – Les classes qui proviennent des classes standard de J2SE

• Le package *java.lang* est un sous-ensemble des classes standard du package java.lang de J2SE. Un absent de marque, toutefois : la classe *Float*. En effet, MIDP ne supporte pas les calculs en virgule flottante ! Vous devrez donc faire sans où les émuler.

• Le package *java.io* contient les méthodes nécessaires pour récupérer des informations des systèmes distants.

• Le package *java.util* contient un petit sous-ensemble du package correspondant de J2SE, dont voici les classes retenues : *Calendar, Date, TimeZone, Enumeration, Vector, Stack, Ha-les shtable et Random*.

II.5.1.2 – Classes qui sont spécifiques à CLDC

Le principal objet du package _javax.microedition.io_ est la classe _Connector_ qui permet de se connecter via TCP/IP.

II.5.2 – API MIDP

MIDP est là pour enrichir les fonctionnalités de CLDC ainsi pour apporter les modifications. C'est lui qui prend en charge les fonctionnalités de plus haut niveau. Cette architecture permet ainsi à l'interface utilisateur d'une application J2ME tournant sur un téléphone intelligent d'être différente de celle tournant sur un Palm Pilot.

Si l'on regarde un peu plus dans le détail ce qu'elle contient, on y trouve les packages suivants :

- **javax.microedition.lcdui :** qui fournit les composants graphiques nécessaires à la création d'applications.

- **javax.microedition.midlet :** qui fournit le composant application ainsi que les primitives gérant la vie de l'application.

- **javax.microedition.rms :** qui fournit une possibilité de stockage d'informations.

II.6 – LES MIDLETS

Une MIDlet est une application crée avec l'API MIDP. Elle hérite des classes abstraites _javax.microedition.midlet_ qui permet un dialogue entre le système et l'application [Doc 15].

Une MIDlet est composée de trois méthodes : starApp (), pauseApp (), destroyApp (). Ces 3 méthodes déterminent le cycle de vie du MIDlet.

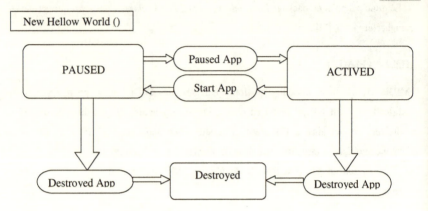

Figure II.5 – *Cycle de vie d'une MIDlet.*

- *starApp () :* est appelée par le système pour démarrer ou redémarrer la MIDlet.

- *pauseApp () :* est appelée par le système pour suspendre l'activité du MIDlet.

- *destroyApp () :* s'éveille par le système pour " annoncer " au MIDlet, qu'il sera détruit et qu'il se prépare à la procédure : fermer les ressources et sauvegarder l'information nécessaire.

II.6 – DISTRIBUTION D'UNE MIDLET

Pour diffuser une application MIDP, il faut premièrement stocker le programme, toutes les classes utilisées ainsi que les fichiers nécessaires au fonctionnement dans archive JAR.

Ce qu'on appelle « MIDlet Suite ». Donc une MIDlet Suite est simplement une suite de plusieurs MIDlets qui sont rangées dans la même archive JAR. Leur fichier JAD fait aussi partie de la suite [Doc 2].

Pour notre application par exemple, la suite sera composée des deux applications, celle de commande (qui envoi l'ordre) et l'application Serveur. Elles se partageront ainsi les fichiers de classes et le descripteur de la suite (JAD).

II.7 – L'INTERFACE UTILISATEUR [Doc 16]

MIDP est conçu pour tourner sur de nombreux types de terminaux : téléphones, Palm Pilot, … Or la plupart de ces terminaux sans fil sont utilisés dans la main, disposent d'un petit écran et tous ne possèdent pas de système de pointage comme un stylo. Tout en respectant ces contraintes, les applications MIDP doivent intégrer toujours les mêmes fonctionnalités quelque soit le terminal. La solution a été de décomposer l'interface utilisateur en deux couches : l'API de haut niveau et celle de bas niveau. La première favorise la portabilité, la seconde l'exploitation de toutes les fonctionnalités du terminal. Le concepteur doit donc faire un compromis entre portabilité et bénéfice des particularités du terminal.

II.7.1 – L'interface utilisateur de bas niveau

L'API de bas niveau donne accès direct à l'écran du terminal et aux événements associés aux touches et système de pointage. Aucun composant d'interface utilisateur n'est disponible : vous devez explicitement dessiner chaque composant, y compris les commandes.

Cette API comprend les classes suivantes :

II.7.1.1 – La classe Canvas

Elle permet d'écrire des applications pouvant accéder aux événements de saisie de bas niveau tels que:

Les touches du terminal : à qui sont associée un code. Il existe trois types de méthode de gestion des événements relatifs à ces touches: "keyPressed ()", "keyReleased ()" et "keyRepeated ()". Ce dernier événement n'est pas disponible sur tous les terminaux. La fonction "hasRepeatEvent ()" permet de savoir s'il est supporté.

Le pointeur du terminal : (s'il en existe un). Il permet d'être géré par les méthodes "PointerDragged ()", "pointerPressed ()" et "pointerReleased ()". Pour s'assurer qu'un pointeur est disponible sur le terminal la méthode "hasPointerEvents ()" a été implémentée.

Cette classe offre ainsi un grand contrôle sur l'affichage. Les jeux sont la meilleure illustration du type d'application qui utilisera ce mécanisme.

II.7.1.2 – La classe Graphics

Elle permet de produire des graphiques en 2D. Elle est similaire à la classe java.awt.Graphics de J2SE.

II.7.1.3 – La classe Font

La classe Font représente les polices de caractères ainsi que les métriques associées.

II.7.2 – L'interface utilisateur de haut niveau

L'API de haut niveau fournit quant à elle des composants d'interface utilisateur simples. Mais aucun accès direct à l'écran ou aux événements de saisie n'est permis. C'est l'implémentation MIDP qui décide de la manière de représenter les composants et du mécanisme de gestion des saisies de l'utilisateur.

II.7.2.1 – La classe Alert

Elle met en place une alerte. C'est une boîte de dialogue affichant un message textuel, éventuellement accompagné d'une image ou d'un son. Elle permet ainsi d'afficher un avertissement, une erreur, une alarme, … Pendant cet affichage, l'interface utilisateur est désactivée. Si une valeur de timeout a été spécifiée, l'alerte disparaît ensuite automatiquement, sinon l'application attend une action de l'utilisateur.

II.7.2.2 – La classe Gauge

Elle définit une jauge. Cette dernière permet d'afficher un graphique sous forme de barre dont la longueur correspond à une valeur comprise entre zéro et un maximum.

II.7.2.3 – La classe Ticker

Un *Ticker* est un composant de l'interface utilisateur affichant une ligne de texte défilant à une certaine vitesse.

II.7.2.4 – La classe Command

Elle permet de définir une commande, l'équivalent du bouton de commande de Windows. Cette classe intègre des informations sémantiques sur une action. Elle possède trois propriétés : le libellé, le type de commande (exemple : retour, annulation, validation, sortie, aide, …) et le niveau de priorité (qui définit son emplacement et son niveau dans l'arborescence des menus).

II.7.2.5 – La gestion des événements

Un événement de haut niveau est constitué de la source de l'événement et du *listener* d'événement. Cet événement provient de la source pour arriver au *listener* qui traite alors cet événement. Pour implémenter un *listener*, il suffi que la classe l'enregistre auprès du composant duquel vous voulez écouter les événement.

Il existe deux types d'événement :

- L'événement *Screen* avec son écouteur correspondant *CommandListener*.
- L'événement *ItemStateChanged* avec le *listener ItemStateListener*.

La différence entre ces deux événement est que la source Command peut être tout objet Displayable tandis que la source d'un événement ItemStateChanged ne peut être qu'un objet Form.

- CommandListener

Le traitement associé à une action effectuée sur une commande est réalisé dans une interface *CommandListener*. Cette interface définit une méthode, *commandAction*, qui est appelée si une commande est déclenchée.

Le *listener* correspondant est mis en place en implémentant l'interface *CommandListener*. Vous devez alors enregistrer cette dernière avec la méthode *setCommandListener*.

- ItemStateListener

Toute modification interactive de l'état d'un élément de formulaire déclenche un événement *itemStateChanged* (exemple : modification d'un texte, sélection d'un élément d'une liste, …).

Le *listener* correspondant est mis en place en implémentant l'interface *ItemStateListener*. Vous devez alors enregistrer l'objet *ItemStateListener* auprès d'un formulaire *Form* avec la méthode *setItemStateListener*.

34

II.8 – CONNEXION RÉSEAU

Les principaux atouts d'un terminal sans fil sont sa connectivité et son accessibilité, qui permettent de rester connecté avec le monde entier à tout instant et en tout lieu. Un certain nombre d'améliorations, telles que la couverture du réseau, la bande passante et les technologies sans fil, ont achevé de mettre ces terminaux au goût du jour [**Doc 17**].

La connectivité est assurée par les outils de connections au réseau de communication. La principale difficulté pour l'API réseau de J2ME consiste à intégrer les spécificités de connectivité de chaque famille de terminal. Par exemple, MIDP n'impose que l'implémentation du protocole HTTP, alors qu'un terminal donné peut implémenter d'autres protocoles. Le GCF est conçu pour relever ce défi.

Le *GCF* supporte les formes de communication suivante : [**Doc 17**]

- *Communication SMS :*
  - Connector.open("sms://12546879:5000 ");
- *Communication MMS :*
  - Connector.open("mms:// 12546879");
- *Communication HTTP :*
  - Connector.open("http://j2me.netinnovations.fr");
- *Communication par socket :*
  - Connector.open("socket://j2me.netinnovations.fr : 1500");
- *Communication par datagramme :*
  - Connector.open("datagram://j2me.netinnovations.fr : 90");
- *Communication via le port série :*

  - Connector.open("comm:0;baudrate=9600");

- *Communication via le système de gestion de fichiers :*
  - Connector.open("file://monFichier.txt ");

L'utilisation d'une simple chaîne de caractère caractérisant le type de connexion permet de conserver l'essentiel du code de l'application, quel que soit le protocole de communication utilisé.

II.9 – AVANTAGE DE J2ME

La technologie Java ou plus précis J2ME en la comparant avec d'autres technologies, comme par exemple NET proposé par Microsoft on trouve que la technologie Sun apporte plus d'avantages : elle est simple et facile d'utilisation (technique de programmation) à un large niveau d'utilisateurs (en tant que logiciel et documentation), java pour les mobiles a un énorme potentiel surtout grâce à l'utilisation des mobiles dans la vie quotidienne, ce qui lui déjà ouvert l'accès dans tous les domaine et sur le marché mondial. L'utilisation J2ME dans les mobiles la fait de plus en plus populaire parmi les utilisateurs et les programmeurs.

II.10 – CONCLUSION

La technologies J2ME offre aux développeurs des possibilités intéressantes pour tirer profit de la convergence du sans fil et de l'Internet. C'est un environnement de développement d'applications : portables, sûres et indépendantes de l'infrastructure du réseau.

Après avoir décrit cette « technologie embarquée », dont l'objectif est de développer des applications pour mobile. On va entamer dans le prochain chapitre une application développée sous cet environnement (J2ME) qui consiste en un transfert d'image d'un téléphone portable à un autre, ciblant la configuration et le profil nécessaires et utilisant le paquetages optionnels que nous avons besoin.

Chapitre 3

Application : Pilotage à distance d'un téléphone MMS.

III.1 – SUJET

L'application que nous cherchons à développer consiste à transférer une image d'un téléphone portable à un autre. C'est le cas qu'on peut trouver dans de nombreux domaine tels que : la télésurveillance, la domotique, …

III.1.1 – L'idée de base du projet

En partant de ce constat, que l'idée était de modifier un téléphone portable, de manière à pouvoir le commander à distance. Le terminal mobile reçoit alors une requête effectuée par un autre mobile qu'il nous renverrait la réponse (la photo) par MMS.

III.1.2 – Problématique

Puisque les téléphones actuels nous permettent de recevoir et envoyer des photos par MMS : Pourquoi ne pas tenter d'améliorer encore un peu le système et d'automatiser le téléphone, de manière à ce qu'il déclenche suite d'un message d'ordre (SMS/MMS) et envoie des photos seul ?

Ainsi on pourrait placer un téléphone quelque part et le commander à n'importe quel moment, depuis n'importe où.

Alors qu'une dizaine d'années auparavant, un tel projet aurait nécessité de gros moyens ainsi qu'une grosse infrastructure, aujourd'hui un simple téléphone portable peut suffire.

Figure III.1 – *Les téléphones multimédia.*

La réalisation de ce travail de diplôme s'est découpée en deux phases distinctes :

- Premièrement une étude des possibilités techniques.

- Deuxièmement la réalisation du travail.

III.2 – ÉTUDE DE L'APPLICATION

La première tâche de ce travail a été d'étudier les différentes technologies existantes et mentionner tous les packages de J2ME nécessaire au développement de cette application. Le contenu de ce chapitre retrace les grandes lignes de cette étude.

III.2.1 – Le projet en général

III.2.1.1 – Envoi de l'ordre

La première partie qui devra être réalisée concerne la commande à distance du téléphone (Serveur) qui contient des photos enregistrées dans son mémoire. Il faudra envoyer un message d'ordre à cet appareil.

Pour transmettre un message de téléphone portable à téléphone portable, il n'existe pas énormément de possibilités. En effet, il est possible d'envoyer des SMS, des MMS, des e- mails et de téléphoner (communication).

Sur ces quatre modes de transmission d'informations, deux sont disponibles uniquement sur les téléphones de dernière génération ; il s'agit des e-mails et des MMS. De plus, ces deux possibilités se révèlent plus sophistiqué que les deux autres.

Elles permettent d'envoyer tous sorte de documents électroniques (texte, image, son,…).

En ce qui concerne la transmission d'informations par un appel, il est bien entendu qu'il n'est pas question de dicter vocalement ces ordres au téléphone, mais l'idée serait plutôt de se servir d'un appel en absence pour stimuler l'appareil.

III.2.1.2 – Déclenchement automatique

Cette partie ne nécessite pas d'étude particulière, si ce n'est la recherche des librairies en J2ME avec des astuces en programmation qui permettent une telle manipulation d'un terminal mobile.

III.2.1.3 – Transmission de l'image

La troisième partie du projet consiste à trouver le meilleur moyen pour renvoyer l'image à celui qui l'a commandé. Là aussi, il existe plusieurs possibilités. On peut transférer une image par MMS, par Email, par une connexion réseau sur un serveur, etc.

Pour notre application, le choix qui a été pris est d'exploiter le service MMS selon les caractéristiques suivantes :

* ❖ Le protocole MMS est implémenté dans les packages optionnels du J2ME.
* ❖ Une large gamme d'utilisation.
* ❖ Un contenu important de multimédia qui peut être transmis.

III.2.2 – L'environnement de développement sans fil

Comme nous l'avons vu dans le chapitre précédent, le développement pour téléphones portables est basé sur l'utilisation de la configuration CLDC et sur l'utilisation du profil MIDP. En plus de ces deux éléments standard, nous allons utiliser aussi le paquetage optionnel WMA pour la gestion des services SMS et MMS. Les bibliothèques nécessaires pour le développement de cette application pour chaque composant du J2ME sont les suivantes :

API MIDP : est, à ce jour, celle que vous trouvez sur vos mobiles « compatibles J2ME » :

- **javax.microedition.lcdui** : Il fournit les composants graphiques nécessaires à la création d'applications.

- **javax.microedition.midlet** : Il fournit le composant application ainsi que les primitives gérant la vie de l'application.

API CLDC :

javax.microedition.io : Il contient les classes permettant de se connecter via _TCP/IP_ ou _UDP_. Le principal objet de ce package est la classe _Connector_.

Package Optionnel :

Comme nous l'avons déjà vu auparavant, il existe un package optionnel nommé «WMA». Cette librairie fournit la possibilité d'envoyer des SMS et des CBS, mais étonnement ne permet pas l'envoi de MMS. Pour combler ce manque, la version 2 de cette librairie, la JSR 205 permettra l'envoi de MMS. Il est clair que cette solution constituerait la meilleure option existante, elle permettrait d'allier les avantages des MMS et de ne plus avoir le problème de configuration du serveur MMSC, puisque cela serait automatiquement géré par la librairie [Doc 2].

III.2.3 – Utilisation du SMS et MMS dans J2ME

L'envoie et la réception de SMS ou MMS n'est pas directement une fonctionnalité du profil MIDP. Cela se comprend, car certains appareils compatibles MIDP n'ont pas la possibilité d'envoyer de tels massages.

Pour pouvoir utiliser ces services, il faut que le terminal supporte le package optionnel WMA. Grâce à la librairie fournie par Sun la compatibilité avec passablement de téléphones portables modernes est garantie.

III.3 – RÉALISATION

Notre application suit la structure _Client / Serveur_, un simple exemple de l'Internet, ce qui conduit à réaliser deux logiciels. Le premier c'est un Client Mobile chargé de commander le téléphone Serveur et récupérer la photo délivrée.

40

Le deuxième logiciel genre d'un Serveur Mobile ayant pour fonction d'écouter les requêtes transmises par le Client et à déclencher automatiquement pour renvoyer la réponse à celui qu'il a demandé.

Ce qui va être réalisé est représenté sur le schéma ci-dessous :

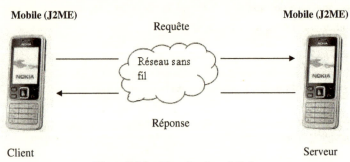

Figure III.2 – *L'application réalisée.*

Les étapes de l'application se déroulent comme suit :

- Un utilisateur se servira d'un téléphone avec le programme de commande pour envoyer un SMS/MMS à l'autre téléphone.
- Ce dernier déclenche automatiquement en mode d'émission suite à la requête effectué par le client et transmettra la réponse.
- Ainsi l'utilisateur pourra récupérer la réponse (photo) délivrée par le mobile serveur.

Note : L'exemple que nous avons choisi pour cette application c'est qu'un Serveur (téléphone portable) possède des images stocké dans son mémoire et selon le nom de l'image envoyé par le Client (l'autre téléphone portable), le serveur renvoie l'image correspondante.

III.3.1 – Interface utilisateur

Etant donné la petite taille des écrans et la difficulté d'utilisation de certains claviers de téléphones portables, la création de l'interface utilisateur a une grande importance.

Heureusement, au sein du profil MIDP que nous avons vu précédemment, le paquetage *javax.microedition.lcdui* fournit les composants nécessaires à la réalisation d'une interface adaptée au téléphone portable.

Le choix, qui a été fait, est la création d'un menu principal, qui permet de rentrer dans les deux logiciels de l'application (Client, Serveur). Ensuite, chaque sous-menu est équipé d'un bouton "Retour" qui permet de revenir au menu principal.

Figure III.3 – *Lancement de l'application.*

III.3.1.1 – Client J2ME

Pour l'interface du programme de commande, rien de très difficile, le peu d'éléments que doit contenir cette partie de l'application permet de placer le tout sur un seul écran. Le résultat est présenté ci-dessous :

Figure III.4 – *Interface Client.*

42

III.3.1.2 – Serveur J2ME

Même chose pour cette interface, un simple affichage d'un message sur l'écran du Serveur pour indiquer à l'utilisateur qu'il est prés de recevoir l'ordre.

Figure III.5 – *Interface Serveur.*

III.3.2 – Condition de fonctionnement

Pour pouvoir utiliser notre application, il faut deux téléphones portables, qui ont les caractéristiques suivantes :

- Support du profile *MIDP 2.0* et de *CLDC 1.0.*
- Les deux mobiles supportent le package WMA.
- 30ko ou plus d'espace mémoire disponible.

III.3.3 – Diffusion du logiciel

Pour diffuser les logiciels Client / Serveur (J2ME), il existe plusieurs possibilités, mais dans chacun des cas, les deux seuls fichiers qui doivent être fourni à l'utilisateur sont :

- MMSApplication.jad
- MMSApplication.jar

Ces fichiers doivent être transférés sur le téléphone, pour cela il y a plusieurs solutions :

43

- Téléchargement sur le téléphone d'un E-mail contenant les deux fichiers en pièces jointes.

- Accès aux fichiers placés sur un serveur Web.

- Transfert à l'aide de l'infrarouge.

- Blutooth.

- ...

Dans tous les cas, les deux fichiers doivent se trouver dans le même répertoire ou le même E-mail.

III.3.4 – Installation du logiciel

Étant donné que l'installation diffère selon les téléphones, il n'est pas possible de donner une marche à suivre précise. Mais normalement, le simple fait d'ouvrir le fichier *MMSApplication.jad* suffit à installer l'application.

Voici ci-dessous le fichier **.jad* utilisé dans MMSApplication :

```
MIDlet-1: MMSserveur, , Interface2
MIDlet-2: MMSclient, , Interface
MIDlet-Jar-Size: 1925517
MIDlet-Jar-URL: MMSApplication.jar
MIDlet-Name: MMSApplication
MIDlet-Vendor: BARA Naziha
MIDlet-Version: 1.0
MMS-ApplicationID: MMSDemo
MMS-ApplicationID1: MMSDemo1
MicroEdition-Configuration: CLDC-1.0
MicroEdition-Profile: MIDP-2.0
```

III.3.4 – Exécution de la MIDlet

Lors du démarrage, vous devez lancer les deux applications :

- MMSserveur : qui est l'application Serveur.

- MMSclient : qui est l'application d'envoi des ordres.

44

Figure III.6 – *Exécution de la MIDlet.*

ATTENTION : Ne jamais envoyer un ordre avec l'application MMSclient, si l'application MMSserveur est désactivée sur l'autre téléphone. Cette action aura pour effet de rendre notre application inopérante.

III.3.4.1 – L'application d'envoi des ordres

Cette application, beaucoup plus simple, vous permettez d'envoyer les ordres de déclenchement en mode d'émission (renvoi des photos).

Figure III.7 – *Activation du Client.*

Les trois champs que vous devez remplir vous permettent de préciser :

- Le nom de l'image.
- Le numéro de l'appareil à qui envoyer le message.

- Le numéro de retour (à celui qui a envoyé l'ordre).

Une fois que vous avez rempli les informations nécessaires, choisissez **"Envoyer"** dans le menu.

A ce moment, le téléphone va vous demander si vous voulez envoyer le message.

Figure III.8 – _Message de confirmation d'émission d'ordre._

Choisissez **"Yes"**. Si vous venez à choisir **"No"**, le message ne sera pas envoyé.

Si la commande **"Yes"** qui a été choisi par l'utilisateur, cet écran affichera un message d'attente pour recevoir la réponse du Serveur (mode de réception).

Figure III.9 – _Etat d'attente._

Finalement, le résultat sera affiché dans le dernier écran du Client :

Figure III.10 – *Résultat obtenu.*

Le résultat comprend : une jauge d'acquisition de l'image, un message désigne que le serveur a envoyé la réponse, le format de l'image et bien sur l'image correspondante.

III.3.4.2 – L'application Serveur

Cette MIDlet permet d'activer le mode d'écoute; à partir du moment ou vous aurez activé MMSserveur, le programme sera sensible à l'arrivée de SMS ou MMS de commande.

Figure III.11 – *Activation du Serveur.*

A chaque fois qu'un SMS ou MMS de commande sera reçu, l'écran affichera le message de confirmation (image envoyée).

www.ingramcontent.com/pod-product-compliance
Lightning Source LLC
LaVergne TN
LVHW042349060326
832902LV00006B/491